# LA LEY DE LOS RENDIMIENTOS DECRECIENTES

## Aumente el rendimiento de su negocio

Por Ariane de Saeger
En colaboración con Anne-Christine Cadiat
Traducido por Marina Martín Serra

Economía y empresa

# LAS CLAVES PARA EL ÉXITO

Adam Smith

El principio de Pareto

El estrés laboral

La pirámide de Maslow

www.en50minutos.es

# LA LEY DE LOS RENDIMIENTOS DECRECIENTES

## DATOS CLAVE

- **¿Denominaciones?** Ley de los rendimientos decrecientes, ley de las proporciones variables, ley de los rendimientos no proporcionales, principio de productividad marginal decreciente o retornos marginales decrecientes
- **¿Utilidad?** En economía de empresa, en economía sectorial, en las teorías de la innovación, para estudiar la formación de la renta
- **¿Por qué es eficaz?** Teoría para el corto plazo, favorece las buenas decisiones en la asignación de los factores de producción
- **¿Palabras clave?**
  - <u>capital</u>: factor de producción que incluye todo lo que no proviene del trabajo humano (máquinas, activos bancarios, etc.)
  - <u>economía de escala</u>: fenómeno que conduce a una disminución de los costes a medida que la cantidad producida aumenta, debido a la amortización del coste inicial
  - <u>margen</u>: diferencia entre el precio de coste y el precio de venta
  - <u>media</u>: resultado de la operación consistente en sumar todos los elementos de una serie, luego en dividir el resultado de esta suma por el número de unidades que la forman
  - <u>rendimiento</u>: relación entre el resultado obtenido de

una tarea y el tiempo que se le dedica
  ◦ <u>renta</u>: ingreso que viene de la posesión de capital o, en el análisis de Ricardo, ingreso de los poseedores de las primeras unidades producidas cuando el rendimiento de estas últimas empieza a decrecer
  ◦ <u>trabajo</u>: actividad humana consentida a cambio de una remuneración

## INTRODUCCIÓN

David Ricardo (economista británico, 1772-1823) construye la teoría de los rendimientos decrecientes en base a las reflexiones de los economistas del siglo XVIII, muy inclinados hacia las cuestiones de la producción agrícola. Esta teoría sigue siendo vigente ya que la ciencia económica ha profundizado en la fórmula de origen.

### Historia

La teoría de los rendimientos decrecientes, explicada por David Ricardo en sus *Principios de economía política y tributación* (1817), representa una culminación de la reflexión que llevaron a cabo, por un lado, el pastor anglicano y profesor de economía Thomas Malthus (1766-1834) y, por el otro, los fisiócratas, en particular Anne Robert Jacques Turgot (hombre de Estado y economista francés, 1727-1781). El primero sostuvo que el aumento de la población generaba la reducción de los recursos disponibles, mientras que el segundo subrayó que todo aumento de la superficie de las tierras cultivadas llevaría a una bajada del rendimiento, ya que las mejores tierras serían explotadas en primer lugar.

David Ricardo alarga y profundiza en esta reflexión que acaba convirtiéndose en un clásico de la ciencia económica y en una de las polémicas más famosas. El otro gran economista de la época, el escocés Adam Smith (1723-1790), desarrolla en un extremo opuesto una teoría de los rendimientos crecientes gracias a la mejora de la productividad, mediante la especialización de las tareas.

## Definición del modelo

David Ricardo, inspirado por los economistas del siglo XVIII, distingue tres factores de producción: la tierra (considerada único elemento realmente creador de valor en el contexto de la época), el capital y el trabajo. Toma el ejemplo de la tierra para explicar el fenómeno de los rendimientos decrecientes: cuantas más superficies cultiva un agricultor, más bajo es el rendimiento de cada nueva parcela (el rendimiento marginal, es decir, el rendimiento de la nueva parcela en relación con las parcelas precedentes), ya que las mejores tierras se han cultivado primero. Entonces, se necesita más mano de obra para explotar la tierra. La renta de la tierra total (ingresos que recibe su propietario) aumenta efectivamente con el número de tierras, pero no de forma lineal, ya que el rendimiento decrece.

El modelo encontró su aplicación más allá de la agricultura. De forma general, la teoría del rendimiento marginal decreciente describe cómo el rendimiento de una unidad suplementaria de un factor de producción, si todo está en igualdad, será inferior al rendimiento de las unidades de este mismo factor utilizadas precedentemente en la producción.

# TEORÍA Y PRESENTACIÓN DEL CONCEPTO

David Ricardo es considerado uno de los economistas más influyentes de la escuela clásica junto con Adam Smith y Thomas Malthus. Escribió muchas teorías entre las que se incluyen, en particular, la del valor de cambio de un producto, la de la oposición al proteccionismo, la de la noción de la ventaja comparativa, incluso la de la referencia al patrón oro para la producción de moneda y, por último, la que aquí nos ocupa: la teoría de la renta de la tierra. En su planteamiento de la economía, David Ricardo no busca la conformidad con la moral, a diferencia de Adam Smith y, sobre todo, de Thomas Malthus. Este último, pastor, describía menos el mundo tal y como funcionaba que el que se tenía que instaurar para realizar el plan divino.

## DAVID RICARDO

David Ricardo se interesa primero por el mecanismo de formación de la riqueza y por su distribución. Para entender la ley de los rendimientos decrecientes, hay que recordar que se hace la referencia a los rendimientos marginales, es decir, a los rendimientos de una nueva unidad puesta en producción en comparación con las unidades precedentes. Además, esta ley solamente es válida cuando cambia un solo factor de producción. En la época del economista, los factores «trabajo» y «capital» no se distinguían tan fácilmente. La escuela clásica consideraba que detrás del capital había trabajo y algunos —entre los que cabe destacar a Adam Smith, David Ricardo y Karl Marx (teórico del socialismo y revolucionario alemán, 1818-1883)—, hacían una distinción entre trabajo productivo e improductivo. El trabajo se llama «productivo» cuando crea valor, pero no todo trabajo crea valor de forma sistemática.

Tomemos el ejemplo de Ricardo de la tierra cultivada, que le permitirá introducir el concepto de «trabajo incorporado» (suma del trabajo del obrero y el trabajo necesario para producir las máquinas y las herramientas que este utilizará) y consideremos que hay dos factores de producción: la tierra y una combinación de trabajo y capital.

- **Margen intensivo decreciente.** Apliquemos a esta tierra una mayor cantidad de capital/trabajo. Habrá que movilizar a más mano de obra y revisar al alza el presupuesto salarial. Por lo tanto, los costes totales de producción aumentarán, con una fatal reducción del rendimiento marginal: las nuevas unidades de producción asignadas para el trabajo de la tierra rendirán menos que las precedentes. El margen intensivo de cultivo (es decir la explotación acelerada de la tierra) es, así, decreciente.
- **Margen extensivo decreciente**. Imaginemos ahora que se cultivan nuevas tierras sin variación del factor capital/trabajo. Una vez más, incluso sin un aumento de la cantidad de trabajo por metro cuadrado de tierra, habrá que contratar a nuevos trabajadores. De acuerdo con los fisiócratas, Ricardo afirma, por un lado, que las mejores tierras a menudo se cultivan primero y, por otro lado, que todo esto conduce a un rendimiento de la nueva área de cultivo más bajo que el de la precedente. Así, el margen extensivo de cultivo es también decreciente. También,

para el propietario de las zonas más productivas, se forma renta, un fenómeno central en el pensamiento de Ricardo. Ya valorada por los fisiócratas y por Adam Smith como el fruto de la fertilidad abundante de las tierras, según Ricardo procede de la escasez de las buenas tierras y por lo tanto constituye una ventaja para el dueño de las mejores tierras, sin mérito ni trabajo.

Por lo tanto, el margen intensivo y el margen extensivo están correlacionados. En efecto, un agricultor aumentará gradualmente la explotación de su tierra. Entonces, cuando el rendimiento de esta unidad de producción habrá decrecido demasiado, cultivará nuevas tierras. Su rendimiento inicial será sin duda inferior al de la primera superficie, y de todos modos también será decreciente. La cantidad de tierras cultivables es limitada y por ello el rendimiento de la agricultura tiende a disminuir. Además, el crecimiento demográfico, que lleva a la reducción de los recursos y a una menor productividad nacional, comporta también una bajada del rendimiento que amenaza con paralizar la economía de un país.

Aquí es donde interviene la innovación —en el proceso agrícola, puede tratarse de máquinas o productos como los fertilizantes o los transgénicos, hoy en día polémicos—, que aumentará la eficiencia de la tierra mediante la reducción de costes y contrarrestará la tendencia natural al decrecimiento de los rendimientos. Por lo tanto, según David Ricardo no solamente hay que promover el progreso técnico para aumentar el rendimiento en función de la demanda, sino que también resulta esencial especializarse en un área de actividad donde se sea más productivo (véase la teoría de la ventaja comparativa, también desarrollada por el economista).



Los teóricos habrían podido pensar que la ley de los rendimientos decrecientes se aplicaba solamente a la agricultura. En ese caso, Ricardo habría sido más un maestro de la agronomía que un economista. Sin embargo, en su obra, la agricultura es únicamente un ejemplo, ya que David Ricardo pretendía formular una ley universal de la economía, aplicable a cualquier sector de actividad.

# ALFRED MARSHALL

Alfred Marshall (economista británico, 1842-1924) demuestra que esta ley no se aplica solamente a la economía agrícola. También incumbe a otro modo de explotación de la tierra: la construcción. Los terrenos más propicios para la construcción (lejos de los ríos, no inundables, estables, con unas bonitas vistas, etc.) se utilizan en primer lugar. A continuación, se utilizan para la construcción las tierras menos propicias para construir en ellas.

Finalmente, Alfred Marshall busca aplicar la ley de los rendimientos decrecientes a todos los sectores de la industria. Por ejemplo, imagina una empresa de producción con tres prensas. Para mejorar sus ganancias, el industrial aumenta las cadencias, hace trabajar más a sus obreros, etc. Pero estos cambios generan un constante aumento de los costes que finalmente hace que sea económicamente más rentable adquirir una cuarta máquina. Puesto que los costes salariales globales han aumentado —en esta época todavía no estamos en la era de la automatización o de la deslocalización—, la rentabilidad marginal de la cuarta prensa será inferior a la de las tres primeras. Marshall habla entonces de «cuasi-renta» para referirse a la renta que procede de las primeras máquinas, con un mecanismo similar al de la renta de la tierra de Ricardo. Como veremos más adelante, Marshall sitúa esta reflexión sobre los rendimientos decrecientes en la industria en una secuencia más amplia: los rendimientos proporcionales le permiten articular una fase de crecimiento y luego una fase de disminución de los rendimientos. Por lo tanto hay un punto de inflexión, donde la adquisición de una unidad adicional ya no causa un aumento, sino una disminución de la productividad.

**Los rendimientos crecientes y decrecientes**

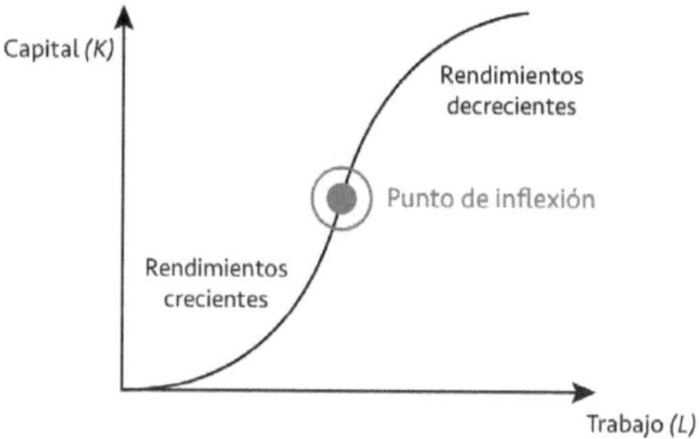


# LOS RENDIMIENTOS DECRECIENTES HOY EN DÍA

Hoy en día, la tierra ya no se considera un factor de producción, pero el trabajo y el capital se han diferenciado mucho más que en la época de David Ricardo y Adam Smith. Así, la ley de los rendimientos decrecientes se entiende en la actualidad de la siguiente manera: para un determinado nivel de productividad de los factores de producción, el aumento de uno de estos factores (trabajo o capital) solamente incrementará la productividad a un ritmo cada vez más débil.

# LÍMITES DEL MODELO Y EXTENSIONES

Teoría fundadora de la economía clásica, la ley de los rendimientos decrecientes ha recibido muchas críticas, pero también planteamientos profundizados útiles para enriquecer el análisis.

## LÍMITES Y CRÍTICAS DEL MODELO

Con su ley de los rendimientos decrecientes, David Ricardo parece adoptar la posición contraria a la de Adam Smith. Este último, en su obra *La riqueza de las naciones* (1776), expone una teoría de los rendimientos crecientes. Inspirado por el economista británico Richard Cantillon (1680-1734) y por el francés Pierre Le Pesant de Boisguilbert (1646-1714), Adam Smith argumenta que la división del trabajo conduce a mejoras de la productividad —también denominadas «economías de escala»— que mejoran el rendimiento constantemente. El ejemplo más conocido desarrollado por el economista es la fábrica de alfileres. Si se hace que los trabajadores se especialicen en 18 oficios, cada uno produce 4 800 alfileres por día, mientras que si cada empleado realizara todas las tareas del proceso de producción, ¡no se producirían más de 20 alfileres por día! La división del trabajo aumenta la destreza de cada trabajador, permite ahorrar tiempo y conduce a la invención de nuevas máquinas y a la aparición de sectores económicos enteros (pensemos, por ejemplo, en los servicios a las empresas, en la robótica o incluso en la logística en nuestra economía moderna).

La oposición entre Adam Smith y David Ricardo en este

punto, sin embargo, parece poderse eludir debido a que el modelo del segundo no prohíbe la división del trabajo ya que expone una dinámica en el trabajo en un contexto dado. Por lo tanto, una vez que el trabajo de fabricación de alfileres se ha dividido en 18 especialidades, añadir a nuevos empleados en la fábrica llevará a un rendimiento marginal decreciente. Solamente la invención de una nueva máquina o la división suplementaria del trabajo podrá generar rendimientos crecientes de nuevo. Esto es lo que captó perfectamente Alfred Marshall en el desarrollo de la teoría de los rendimientos no proporcionales. En un primer momento son crecientes gracias al progreso técnico y a la división del trabajo, pero a continuación decrecen, lo que coincide con las predicciones de David Ricardo.

Karl Marx, un gran lector de David Ricardo, formula por su parte una ley llamada «caída tendencial de la tasa de ganancia», sobre la base de la ley de los rendimientos decrecientes. Esta hace hincapié en que, en un contexto de aumento de la competencia entre las empresas capitalistas, la rentabilidad de la tasa de ganancia tiende a bajar inexorablemente. Por consiguiente, la teoría de los rendimientos decrecientes se utiliza en una crítica radical del capitalismo que aliena al hombre para su beneficio, y por esa razón la critican los defensores del sistema capitalista. Esta hipótesis de la caída tendencial de la tasa de ganancia estaría desmentida por la capacidad de innovación que demuestran continuamente los actores económicos. Pero esto significa atribuir a Ricardo intenciones muy alejadas de las suyas, ya que no formuló su teoría para criticar a un sistema de organización, sino para describir un fenómeno en el trabajo en la producción.

Muchos economistas consideran hoy que la ley de los rendimientos decrecientes es un modelo interesante a corto plazo en un marco productivo determinado. Pero, afortunadamente, la innovación de gestión o tecnológica puede superar la fase del rendimiento decreciente para reanudar rendimientos crecientes. Sin embargo, esto obliga a los empresarios a ir siempre más allá de los límites de lo conocido, bajo el riesgo de que su rendimiento caiga de forma gradual.

# EXTENSIONES Y MODELOS CONEXOS

## El rendimiento de escala

El modelo del rendimiento marginal decreciente concierne solamente a la variación de uno de los factores de producción. La teoría económica, con el estímulo de Alfred Marshall, también se ha interesado por la variación del conjunto de los factores de producción: es lo que se llama rendimiento de escala, que se manifiesta en la búsqueda de eficiencia (hacer más con menos) después de un aumento de los factores de producción.

- El rendimiento es creciente cuando el porcentaje de los ingresos adicionales ($y$) es superior al porcentaje de los costes provocados por el aumento de los dos factores ($x$). El tamaño creciente de la empresa la llevará a más tecnicidad y las condiciones de trabajo sin duda atraerán a los trabajadores más cualificados: $y > x$
- El rendimiento empezará a decrecer con los efectos de empresa vinculados a la organización interna (por ejemplo, el volumen creciente de personal). Las grandes empresas son más difíciles de gestionar que las pequeñas: la gestión y la comunicación son cada vez más complejas, los objetivos de la gran empresa se alejan de los de sus trabajadores diluidos en múltiples divisiones a menudo geográficamente alejadas, y la dirección se percibe también como más distante, especialmente si a la empresa la compra un grupo internacional o un holding: $y < x$

Esta teoría ayuda a optimizar el tamaño de la empresa y a maximizar su rendimiento: los rendimientos crecientes ($y >$

*x*) para pequeñas cantidades (siempre que las capacidades no estén saturadas) para volverse constantes (*y* = *x*), y luego decrecientes (y < *x*) por cantidades muy grandes. Entonces se observa un estancamiento por saturación (ritmo demasiado pesado, problemas de almacenamiento, etc.). Estos problemas tendrán como resultado, con el tiempo, una disminución del rendimiento.

## Las isocuantas

Otro modelo conexo es el de las isocuantas (curvas) en microeconomía, estudiado por Charles Cobb (matemático estadounidense, 1875-1949) y Paul Douglas (economista estadounidense, 1892-1976). En él se describen, para un volumen dado de factores, todas las combinaciones óptimas que producirán el mayor rendimiento para un mismo nivel de producción. Mediante el análisis de las relaciones entre factores de producción —cantidad de trabajo y cantidad de capital—, Charles Cobb y Paul Douglas quieren demostrar que estos son sustituibles.

Su función de producción, también conocida como la función Cobb-Douglas, se representa así: $Y = c.K^{\alpha}.L^{\beta}$ con Y que representa el nivel de producción, $K$ el capital, L el trabajo (*Labour*) y c, $\alpha$ y $\beta$ las variantes relacionadas con las tecnologías.

# APLICACIÓN DEL CONCEPTO

Así, la microeconomía o economía de empresa, que aplica a la gestión los conocimientos que proceden de la ciencia económica, hace mucho tiempo que demuestra un gran entusiasmo por la tesis de los rendimientos decrecientes, tal y como David Ricardo la formuló y Alfred Marshall la amplió.

La teoría de los rendimientos decrecientes tiene un gran interés para un director de empresa. Si mantiene estable uno de los factores de producción y hace evolucionar el segundo, la teoría le permite determinar:

- hasta cuándo gana dinero;
- a partir de qué momento el coste de la unidad adicional, también conocida como «marginal», será superior al de los ingresos que genera.

## UN RENDIMIENTO PRIMERO CRECIENTE, LUEGO DECRECIENTE

Para entender el modelo, hay que recordar las contribuciones de Alfred Marshall: cuando un factor de producción varía, el rendimiento comienza a crecer. Luego, poco a poco, a medida que el factor sigue aumentando, el rendimiento crece más lentamente hasta el punto de equilibrio, y luego decrece.

Ilustramos este fenómeno con el ejemplo de la fábrica de alfileres expuesto por Adam Smith. Hasta que no se alcanza la máxima velocidad, añadir trabajadores adicionales aumentará el rendimiento. Por ejemplo, la creación de un turno de noche no afectará al rendimiento —si no es porque el uso más intensivo de la máquina reducirá su vida útil. Pero cuando la contratación masiva genera un aumento de los costes salariales o cuando los equipos trabajan peor debido a la presencia de los otros o a un mal funcionamiento/endurecimiento de la organización, entonces el rendimiento decrece.

## ¿Qué factor varía?

En los ejemplos que se han retenido más a menudo, los de empresas con máquinas industriales, el trabajo se impone como factor variable, ya que el coste de una hora adicional de trabajo es inferior al de la adquisición de una nueva máquina. Pero esto es distinto en las empresas que ofrecen servicios, como la consultoría, y más generalmente en las economías contemporáneas occidentales en las que el coste del trabajo es elevado debido a la necesaria financiación de la protección social. Aunque las máquinas modernas, como los ordenadores o robots, hoy en día tienen un coste muy moderado, por lo que las empresas tienden a hacer variar primero el factor capital y solamente añaden a un empleado cuando el rendimiento marginal empieza a decrecer. Esta inclinación se ve sin duda reforzada por la protección de los empleados, lo que hace que el factor de trabajo sea menos móvil que el capital. También se defiende por la lógica pura de la productividad; en cambio, si tomamos el aspecto «base de talentos» (gestión de las competencias, responsabilidad social corporativa), nos encontramos con cualquier otra perspectiva... ¡que probablemente podrá salvar a nuestros ahorros!

## Margen y media

Para aplicar correctamente el principio del rendimiento decreciente, hay que recordar la diferencia fundamental entre la productividad media y la productividad marginal:

- la productividad media designa el rendimiento del conjunto de las unidades del factor de producción estudiado. Así pues, no da información sobre la oportunidad de añadir una unidad adicional a un factor u otro;
- la productividad marginal designa precisamente el excedente que aporta esta unidad adicional.

Esta aclaración es importante porque la productividad media puede seguir aumentando a medida que la productividad marginal comienza a decrecer. Así, imaginamos un supermercado que calcula el número de clientes que pasa por cada una de sus cajas en una hora. Se inicia con una caja por la que pasan diez clientes por hora, luego continúa con una segunda que ha recibido a doce, mientras que la primera sigue con diez. Por lo tanto, el rendimiento marginal de la segunda caja está creciendo, ya que es superior al de la primera. La productividad media también ha aumentado: de diez clientes de media en una sola caja, la marca sube a once clientes de media con dos cajas.

La tienda, estimulada por este buen resultado, realiza algunas obras y abre una tercera caja. Las dos primeras siguen recibiendo el mismo número de clientes, pero la tercera recibe solamente once en una hora. La productividad media de las tres cajas es igual a la del modelo de las dos cajas: once clientes por hora. Sin embargo, la productividad marginal de la tercera caja ha disminuido en comparación con la caja precedente. Este factor no es suficiente para lograr una evolución positiva del rendimiento de las cajas. La media, sin embargo, no la indica.

## Renta marginal y gasto marginal

Hay que introducir dos nociones para entender correctamente la aplicación del rendimiento decreciente a la actividad de la empresa:

- la renta marginal (RM) producida por el factor en evolución, corresponde a la parte de ganancia imputable solamente a la nueva unidad de este factor inyectada en la producción de la empresa;
- el gasto marginal (GM), es decir, el coste de adquisición de una nueva unidad de factor variable.

Mientras la renta marginal es mayor que el gasto marginal, la empresa gana dinero, aunque las ganancias son cada vez más bajas debido al decrecimiento del rendimiento global: RM/GM = rendimiento.

## En el momento adecuado

La microeconomía propone, a partir del modelo establecido por David Ricardo, cálculos para determinar cuánto aumenta el rendimiento de un factor de producción. Esto permite evaluar la cantidad óptima de trabajo o de capital que hay que invertir para maximizar los rendimientos.

Este paso es crucial para las empresas, ya que no sirve para nada hacer inversiones excesivas: utilizar la fase inicial de crecimiento de los rendimientos permite invertir en el momento adecuado, justo antes de que el factor en cuestión inicie el inevitable decrecimiento en su rendimiento.

## ESTUDIO DE CASO — LA INDUSTRIA PETROLÍFERA

Uno de los mejores ejemplos de rendimientos decrecientes proviene de la industria petrolífera. Este sector es objeto de amplios estudios y de la especialización de algunos economistas, ya que esta materia prima es importante para todo el sistema económico mundial.

Ilustraremos aquí la lógica de la teoría de David Ricardo y Alfred Marshall a través de un tema actual. Hay que señalar que el petróleo tiene una característica particular: es una materia prima no renovable. Así pues, el razonamiento es ligeramente diferente al que David Ricardo llevó a cabo para la tierra, ya que esta regenera (bajo determinadas condiciones) su capacidad para hacer crecer plantas. En el caso del petróleo, como en el caso del carbón, los yacimientos se agotan con el tiempo.

### Del primer pozo a los límites de lo convencional

El primer pozo de petróleo alcanzó, a la mitad del siglo XIX, una profundidad de 28 metros. Actualmente los proyectos en curso, alrededor de los yacimientos oceánicos o de petróleo de esquisto, alcanzan miles de metros de profundidad. Esta carrera hacia la profundidad es la respuesta de la industria a la lógica de los rendimientos decrecientes.

Hasta mediados de los noventa, se estimó que no era posible explotar un cierto número de yacimientos, especialmente los que están situados en aguas profundas. Pero los mejores yacimientos de petróleo llamados «convencionales», es decir, los que están en una profundidad razonable y que tienen la calidad suficiente para no necesitar más tratamientos que el refinado, han acabado siendo explotados. Entonces nos situábamos en el límite de los rendimientos crecientes, indudablemente en una especie de punto de equilibrio antes de la caída. De hecho, en ese momento, añadir capital (máquinas de perforación) para aumentar la profundidad de la búsqueda habría dado lugar a un aumento tal en los costes que el rendimiento marginal habría disminuido inmediatamente. Por cierto, cabe destacar que los yacimientos más abundantes, explotados por muchos años, formaron una renta a medida que se iban explotando nuevos yacimientos menos productivos. Vamos a ver un poco más adelante cómo se forma la renta según David Ricardo.

## La innovación tecnológica

Entre los factores que han permitido estas nuevas explotaciones está, por supuesto, la innovación tecnológica. Los avances en las técnicas de perforación han permitido a las empresas petroleras limitar los costes de búsqueda adicionales. Del mismo modo, en el caso de las arenas petrolíferas que se encuentran principalmente en Canadá, las tecnologías de separación del petróleo y de otras materias minerales han evolucionado drásticamente, favoreciendo una explotación que hasta entonces no era posible. Como hemos visto en la explicación teórica del modelo, el progreso en el proceso de producción aplaza el momento en el que los rendimientos marginales dejarán de crecer. Cabe destacar que el ciclo de innovación tampoco se ha completado. Las empresas están buscando ahora nuevos procesos para explotar los yacimientos de los fondos marinos, sobre todo en el mar del Norte.

## Precio marginal, precio global y formación de la renta

Ha habido reorganizaciones también como resultado de cambios en el sistema de precios. En 1946, el barril costaba 17,92 dólares (nivel del precio en dólares constantes con respecto al año de referencia 2010, en el mercado de Nueva York, NYMEX). En 1995, se elevó a 23,96 dólares, un aumento de un poco más del 30% en 50 años —recordemos también que dos crisis del petróleo, en 1974 y 1979, dieron lugar a un aumento en los precios, aunque por poco tiempo. En 1996, el precio del petróleo comenzó un ascenso gradual durante el que, por ahora, no ha habido un descenso duradero, a pesar de una cierta volatilidad de los precios. En 2011, el precio medio del barril era de 95 dólares, y es más o menos en el que se ha mantenido desde entonces, aparte de algunos picos ocasionales. En el año 2013, alcanza los 103 dólares.

La causa de este aumento de precios es, naturalmente, un aumento de la demanda. El fin de los años noventa marca la aceleración de la globalización y el auge de los países BRIC (Brasil, Rusia, India y China), países emergentes convertidos en inmensas potencias económicas. Pero para ilustrar los rendimientos decrecientes y la renta que va con ellos, es necesario comprender el mecanismo de formación de precios. La presión de la demanda ha facilitado la explotación de hidrocarburos que eran hasta entonces inaccesibles, a los que llamamos «petróleo no convencional». Además, el coste unitario para el productor del barril de petróleo recién explotado es más alto que el que resulta de perforaciones iniciales más simples.

Para simplificar el razonamiento, supongamos que la producción petrolífera más antigua cuesta a su explotador 1 y se vende por 2. En vista de los nuevos desafíos tecnológicos, el petróleo no convencional cuesta 1,5. Para mantener un margen equivalente, la petrolera ofrecerá su producto a 3 y ya no a 2. Pero, ¿quién pagaría 3 por un producto que puede adquirir en otro lugar por 2? En un mercado hipercompetitivo con un exceso de oferta, el productor que vende su producto a 3 no podría instalarse. Pero el mercado de los hidrocarburos, lejos de ser perfectamente competitivo, está influenciado por algunos actores económicos muy poderosos como la OPEP (Organización de Países Exportadores de Petróleo), por ejemplo. Ni los países ni las empresas no se involucran en una guerra de precios. Por lo tanto, si los nuevos yacimientos son más costosos de explotar, el conjunto de la producción verá aumentar su precio. Los antiguos productores, con menores costes, se adaptarán a los precios de venta de los nuevos competidores. Esto explica en parte el fuerte aumento del precio del petróleo observado en los últimos 20 años. Por otra parte, se forma una renta, puesto que los antiguos productores sacan de la nueva situación un beneficio extra, vinculado a la diferencia de precio entre el petróleo convencional y los nuevos hidrocarburos.

A través de este ejemplo, vemos que la teoría de David Ricardo y Alfred Marshall sobre los rendimientos decrecientes y la formación de la renta sigue siendo relevante para explicar fenómenos económicos contemporáneos.

# EN RESUMEN

- La ley de los rendimientos decrecientes se basa en una evidencia: al principio, nos esforzamos en lo más productivo y rentable, luego explotamos los otros recursos si la demanda supera la primera fuente.
- La lógica es puramente mecanicista: después de una primera fase de crecimiento, un factor de producción en evolución ve a relativamente corto plazo como se estanca su rendimiento y luego decrece si no se realiza ninguna modificación en términos de gestión.
- Esta ley económica, formulada por David Ricardo a través del ejemplo de la agricultura, la profundizó Alfred Marshall y la extendió a todos los sectores económicos.
- La hipótesis de base descrita aquí es el rendimiento marginal, que corresponde al rendimiento de una unidad suplementaria de un factor de producción.
- El rendimiento marginal decreciente conduce a la formación de una renta para los propietarios de las primeras unidades en producción, más rentables que las últimas.
- El rendimiento decreciente no condena la economía al declive, sino que invita a los empresarios a innovar —en los productos, los procesos, los modos de organización, etc.— para mantener su productividad, incluso aumentar su eficacia y así su rendimiento.

*¡Tu opinión nos interesa!*
*¡Deja un comentario en la página web de tu librería en línea,*
*y comparte tus favoritos en las redes sociales!*

# PARA IR MÁS ALLÁ


- Chaize, Thomas. 2012. "Coût de production, coût marginal et prix du pétrole". *Thomas Chaize. Energy & Mining.* Consultado el 12 de marzo de 2014. http://www.dani2989.com/matiere1/marginalcostoil0212fr.html
- Jessua, Claude. 1991. *Histoire de la théorie économique.* París: PUF, colección *Économie.*
- Agence régionale de l'environnement de Haute-Normandie, "Le pétrole", 2005. Consultado el 12 de marzo de 2014. http://www.arehn.asso.fr/dossiers/petrole/petrole.html
- Mansfield, Edwin. 2002. *Économie managériale. Théorie et applications.* París: De Boeck, colección *Ouvertures économiques.*

¡APRENDER
NUNCA ANTES FUE
TAN RÁPIDO!

www.en50minutos.es